Impressum
Verlag: BABADADA GmbH, Nedderfeld 112 , 22529 Hamburg
Geschäftsführer / Verlagsleitung: Harald Hof
Druck: Books on Demand GmbH, In de Tarpen 42, 22848 Norderstedt

Imprint
Publisher: BABADADA GmbH, Nedderfeld 112 , 22529 Hamburg, Germany
Managing Director / Publishing direction: Harald Hof
Print: Books on Demand GmbH, In de Tarpen 42, 22848 Norderstedt

iskola

sakola

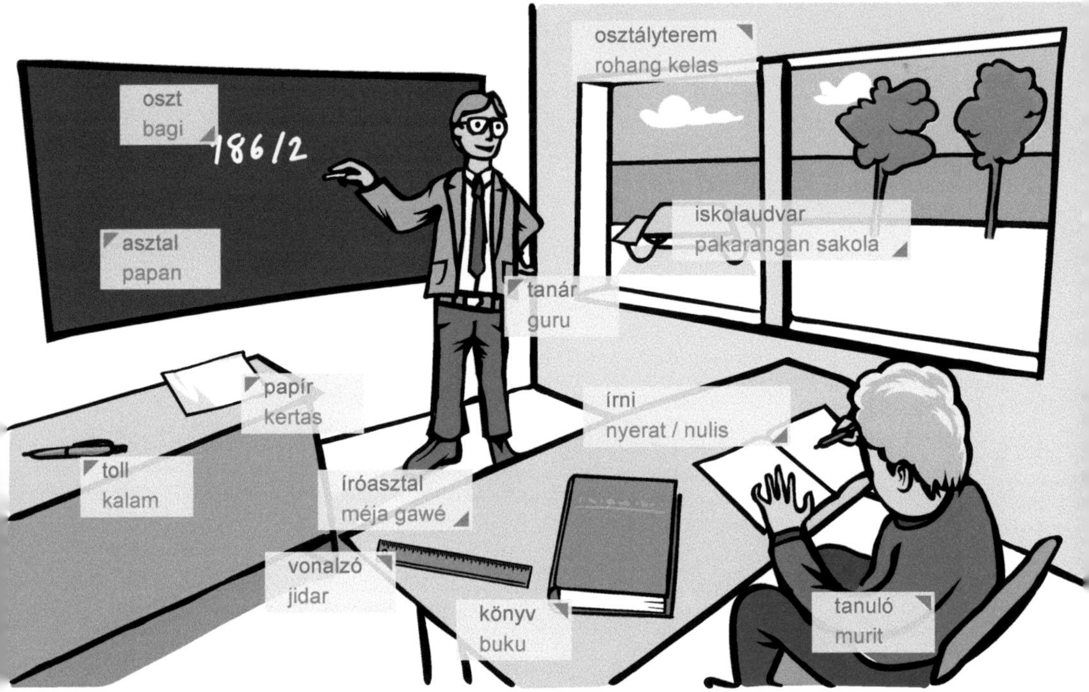

osztályterem
rohang kelas
oszt
bagi
186/2
asztal
papan
iskolaudvar
pakarangan sakola
tanár
guru
papír
kertas
írni
nyerat / nulis
toll
kalam
íróasztal
méja gawé
vonalzó
jidar
könyv
buku
tanuló
murit

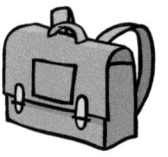

iskolatáska

tas sakola

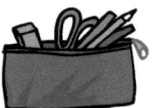

tolltartó

wadah potlot

ceruza

potlot

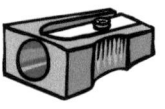

ceruzahegyező

rautan potlot

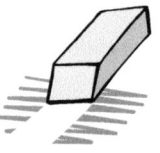

radír

pamupus

rajzfüzet

kertas gambar

rajz
gambar

ecset
kuas cét

festőkészlet
kotak cét

olló
gunting

ragasztó
lém

munkafüzet
buku latihan

házi feladat
péér

szám
angka

összead
nambahkeun

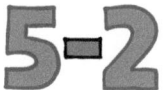

kivon
kurang

szoroz
kali

számol
ngitung

betű
surat

ABC
alpabét

szó
kecap

szöveg

téks

olvasni

maca

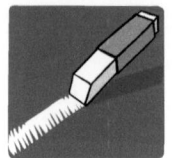

kréta

kapur

tanóra

palajaran

napló

daptar

vizsga

ujian

bizonyítvány

sértipikat

iskolai egyenruha

saragam sakola

oktatás

atikan

enciklopédia

énsiklopédi

egyetem

univérsitas

mikroszkóp

mikroskop

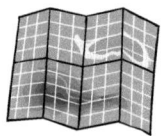

térkép

peta

papír-hulladék gyűjtő

wadah runtah

utazás
lalampahan

hotel
hotél
Grand
szállás
hostél
ROOMS
valutaváltó iroda
kantor pertukaran mata uang
bőrönd
koper
autó
mobil

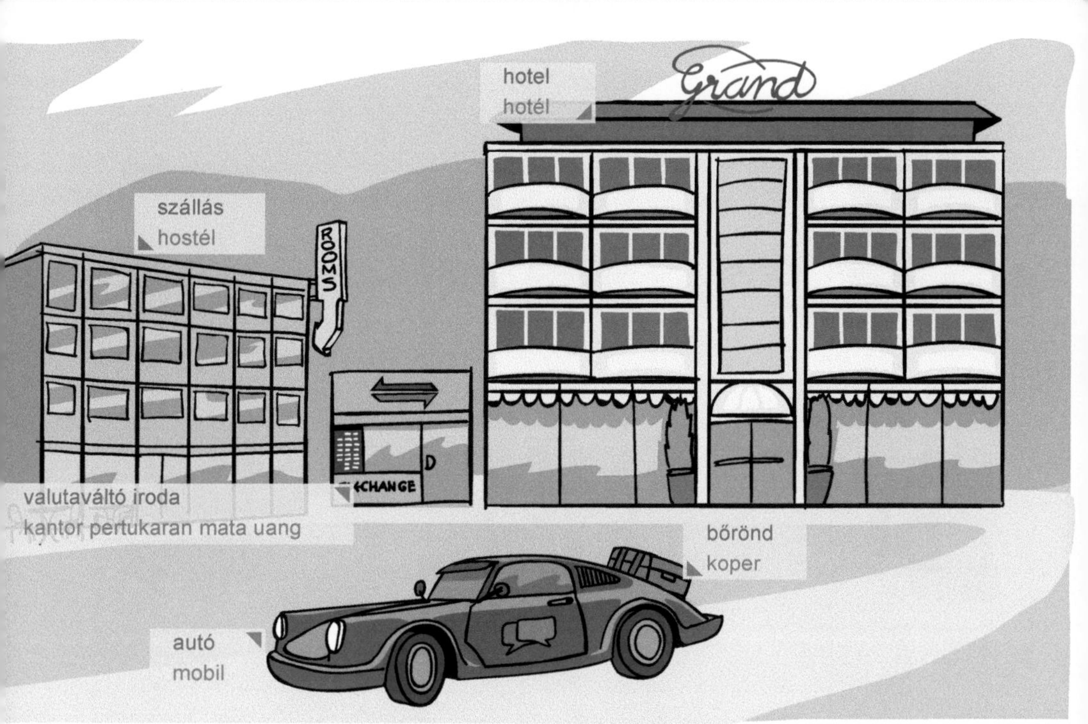

nyelv

basa

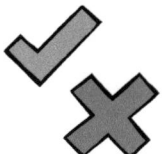

igen/nem

muhun / henteu

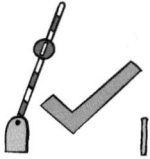

rendben

oké

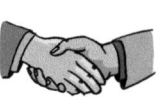

szia

hei

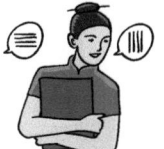

fordító

panarjamah

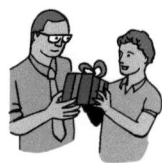

köszönöm

hatur nuhun

mennyibe kerül…?

sabaraha hargana…?

nem értem

abdi teu ngartos

probléma

masalah

Jó estét!

Wilujeng wengi!

jó reggelt!

Wilujeng siang!

jó éjszakát!

Wilujeng wengi!

viszontlátásra

mugi patepang deui

útirány

arah

poggyász

bagasi

táska

kantong

hátizsák

ransel

vendég

tamu

szoba

rohang

hálózsák

kantong saré

sátor

tenda

turista információ
informasi wisata

strand
pantai

hitelkártya
kartu krédit

reggeli
sarapan

ebéd
dahar beurang

vacsora
dahar peuting

jegy
tikét

lift
lift

bélyeg
perangko

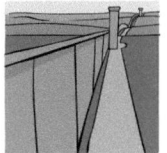

határ
wates

vám
cukai

nagykövetség
kedutaan

vízum
visa

útlevél
paspor

közlekedés
transportasi

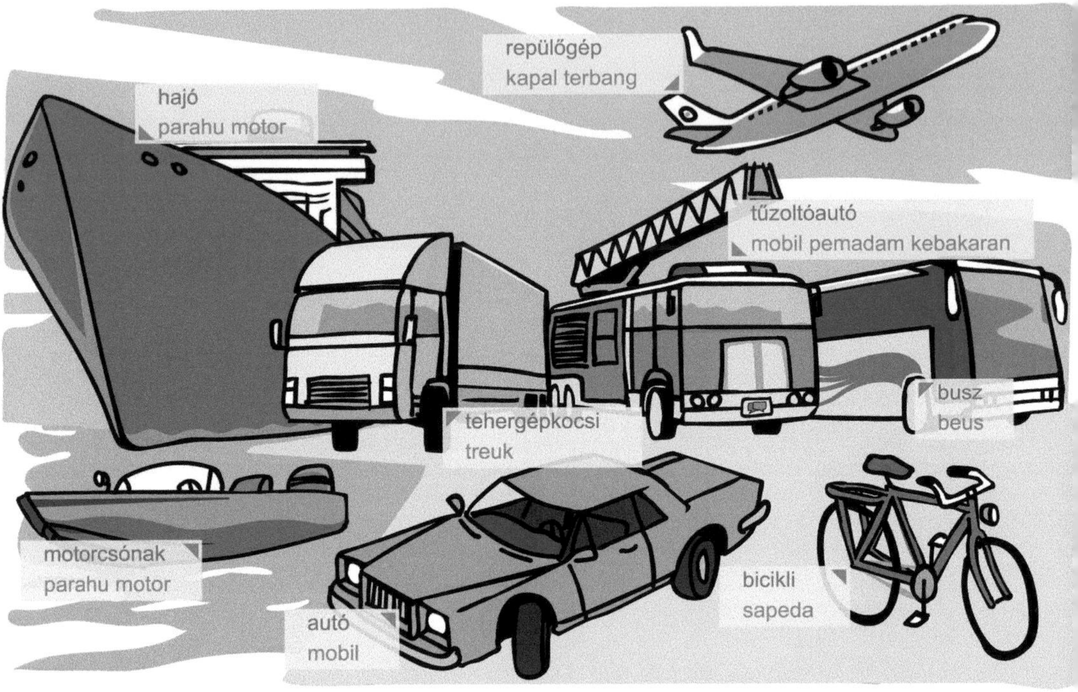
repülőgép
kapal terbang
hajó
parahu motor
tűzoltóautó
mobil pemadam kebakaran
busz
beus
tehergépkocsi
treuk
motorcsónak
parahu motor
bicikli
sapeda
autó
mobil

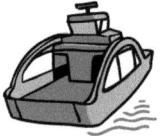

komp
kapal féri

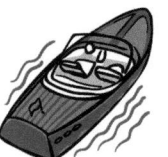

csónak
parahu

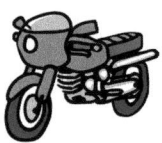

motorkerékpár
sapeda motor

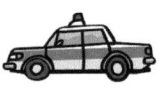

rendőrautó
mobil pulisi

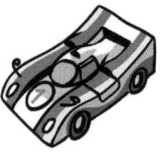

versenyautó
mobil balap

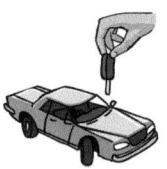

bérautó
mobil nyéwa

telekocsi

mobil babarengan

vontató

treuk dérék

szemetes autó

treuk runtah

motor

motor

üzemanyag

bahan bakar

benzinkút

bénsin

közlekedési tábla

tanda lalulintas

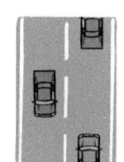

forgalom

lalulintas

forgalmi dugó

macét

parkoló

parkir mobil

vonatállomás

stasiun karéta

sínek

trék

vonat

karéta api

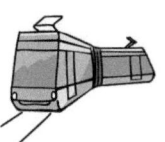

villamos

tram

vagon

garobag

helikopter

hélikopter

repülőtér

bandara

torony

munara

utas

panumpang

konténer

konténer

kartondoboz

karton

taliga

troli

kosár

karanjang

felszáll / leszáll

terbang / landas

város
kota

falu

kampung

városközpont

tengah kota

ház

imah

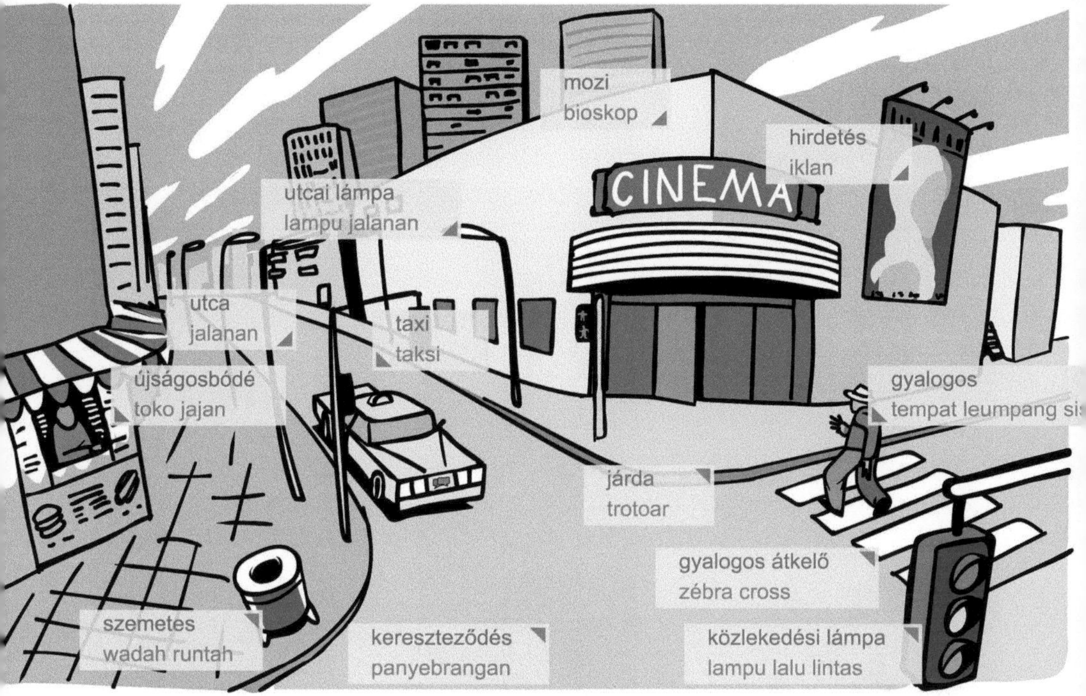

mozi
bioskop

hirdetés
iklan

utcai lámpa
lampu jalanan

CINEMA

utca
jalanan

taxi
taksi

újságosbódé
toko jajan

gyalogos
tempat leumpang si

járda
trotoar

gyalogos átkelő
zébra cross

szemetes
wadah runtah

kereszteződés
panyebrangan

közlekedési lámpa
lampu lalu lintas

kunyhó

gubuk

lakás

imah flat

vonatállomás

stasiun karéta

városháza

balai kota

múzeum

museum

iskola

sakola

egyetem

univérsitas

bank

bank

kórház

rumah sakit

hotel

hotél

gyógyszertár

farmasi

iroda

kantor

könyvesbolt

toko buku

üzlet

toko

virágüzlet

toko kembang

szupermarket

supermarkét

piac

pasar

áruház

swalayan

halárus

nalayan

bevásárló központ

pusat balanja

kikötő

palabuan

park
kebon

pad
korsi

híd
sasak

lépcső
tangga

metró
kareta bawah tanah

alagút
torowongan

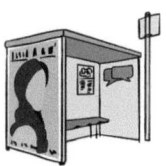

buszmegálló
halte beus

bár
bar

étterem
restoran

postaláda
kotak surat

utcatábla
tanda jalan

parkoló óra
meteran parkir

állatkert
kebon binatang

uszoda
kolam renang

mecset
masigit

gazdálkodás

pertanian

környezetszennyezés

polusi

temető

kuburan

templom

gareja

játszótér

tempat ulin

szentély

pura

táj
pamandangan

levél
daun

útjelző tábla
panunjuk arah

út
jalanan

rét
ladang jukut

kő
batu

túrázó
tukang leumpang

fa
tangkal

folyó
susukan

fű
jukut

virág
kembang

völgy
lengkob

domb
bukit

tó
tasik

erdő
leuweung

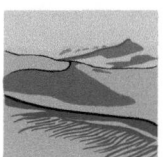

sivatag
gurun

vulkán
gunung marapi

kastély
karaton

szivárvány
katumbiri

gomba
suung

pálmafa
tangkal palem

szúnyog
reungit

légy
laleur

hangya
sireum

méhecske
nyiruan

pók
lamat lancah

bogár

nyiruan

béka

bangkong

mókus

bajing

sündisznó

landak

nyúl

kalinci

bagoly

bueuk

madár

manuk

hattyú

soang

vaddisznó

bagong

szarvas

kijang

rénszarvas

kijang

gát

bendungan

szélturbina

turbin angin

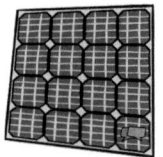

napelem

panél surya

éghajlat

iklim

étterem
restoran

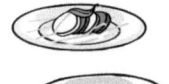

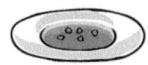

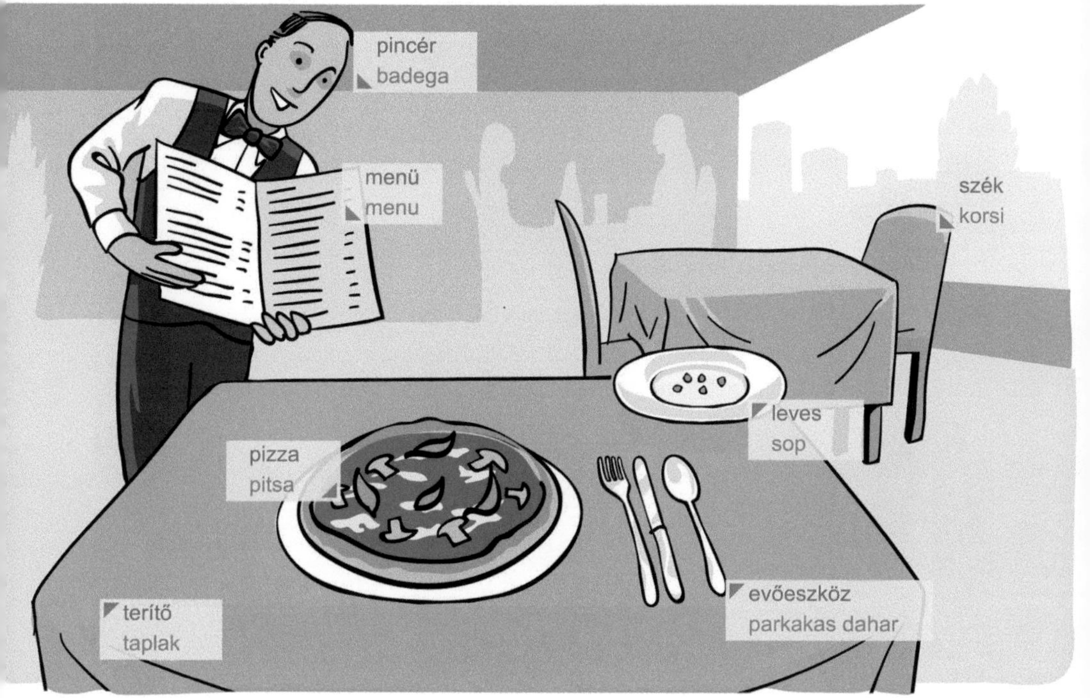

pincér
badega
menü
menu
szék
korsi
leves
sop
pizza
pitsa
terítő
taplak
evőeszköz
parkakas dahar

előétel

hidangan pembuka

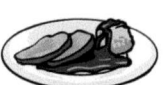

főétel

hidapan utama

desszert

hidangan penutup

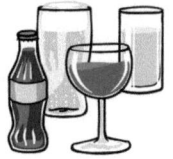

italok

inuman

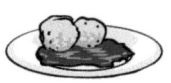

étel

dahareun

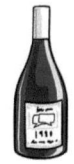

üveg

botol

gyorsétel

dahareun cepat saji

gyorsétel

jajanan sisi jalan

teás kanna

téko téh

cukortartó

wadah gula

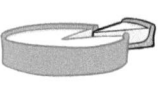

adag

porsi

eszpresszógép

mesin éspréso

bárszék

korsi jangkung

számla

tagihan

tálca

baki

kés

péso

villa

garpu

kanál

séndok

teáskanál

séndok téh

szalvéta

serbét

pohár

gelas

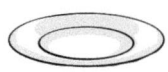

tányér

piring

leveses tányér

mangkok sop

csészealj

pisin

szósz

saos

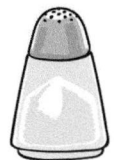

sószóró

wadah uyah

borsőrlő

panggiling pedes

ecet

cuka

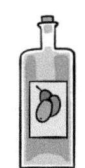

étkezési olaj

minyak

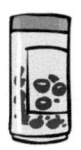

fűszerek

bumbu

ketchup

saos tomat

mustár

mustard

majonéz

mayonés

szupermarket

supermarkét

különleges ajánlat
tawaran husus
FOR
ügyfél
klién
tejtermék
produk susu
gyümölcsök
buah
bevásárló kocsi
troli

BUTCHERS

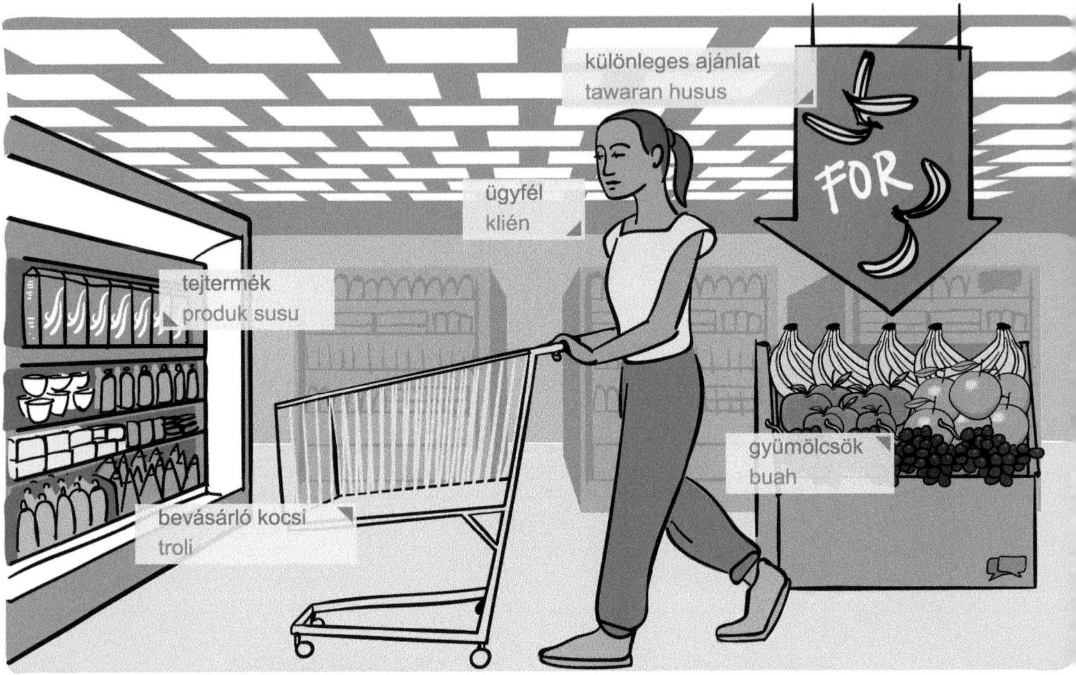

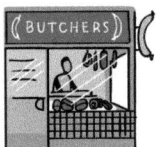

hentes

tukang meuncit

BAKERY

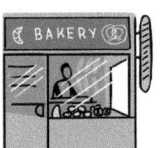

pékség

toko roti

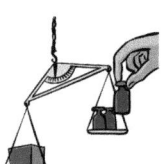

nyom valamennyit

nimbang

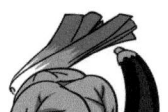

zöldség

sayur

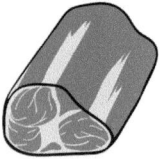

hús

daging

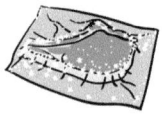

fagyasztott áru

tuangeun beku

felvágott

alat potong daging

konzerv

dahareun kaléng

mosópor

sabun serbuk

édességek

permén

háztartási termék

perkakas rumah tangga

tisztítószerek

produk pembersih

eladó

tukang jualan

pénztárgép

kasa

eladó

kasir

bevásárló lista

daftar balanja

nyitva tartás

jam buka

levéltárca

dompét

hitelkártya

kartu krédit

zacskó

kantong

műanyag zacskó

kantong palastik

víz

cai

gyümölcslé

jus

tej

susu

kóla

kola

bor

anggur

sör

arak

alkohol

arak

kakaó

coklat

tea

téh

kávé

kopi

eszpresszó

éspréso

kapucsínó

kapucino

banán

pisang

alma

apel

narancs

jeruk

sárgadinnye

samangka

citrom

lémon

sárgarépa

wortel

fokhagyma

bawang bodas

bambusz

awi

hagyma

bawang bombai

gomba

suung

magvak

suuk

nokedli

emih

spagetti

spagéti

rizs

sangu

saláta

salat

sült krumpli

kentang goréng

sült burgonya

kentang goréng

pizza

pitsa

hamburger

hamburger

szendvics

roti lapis

hússzelet

sakeureut daging

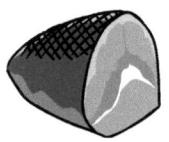

sonka

ham

szalámi

salami

kolbász

sosis

csirke

hayam

pecsenye

ngagoreng

hal

lauk

zabkása

bubur gandum

müzli

séréal

kukoricapehely

cornflakes

liszt

tarigu

croissant

croissant

zsemle

roti

kenyér

roti

pirítós kenyér

roti panggang

keksz

biskuit

vaj

mantéga

túró

dadih

sütemény

kuéh

tojás

endog

tükörtojás

goréng endog

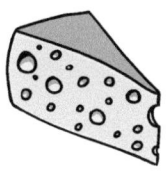

sajt

keju

jégkrém

eskrim

cukor

gula

méz

madu

lekvár

selé

mogyorókrém

krim coklat

curry

karé

gazdálkodás
pertanian

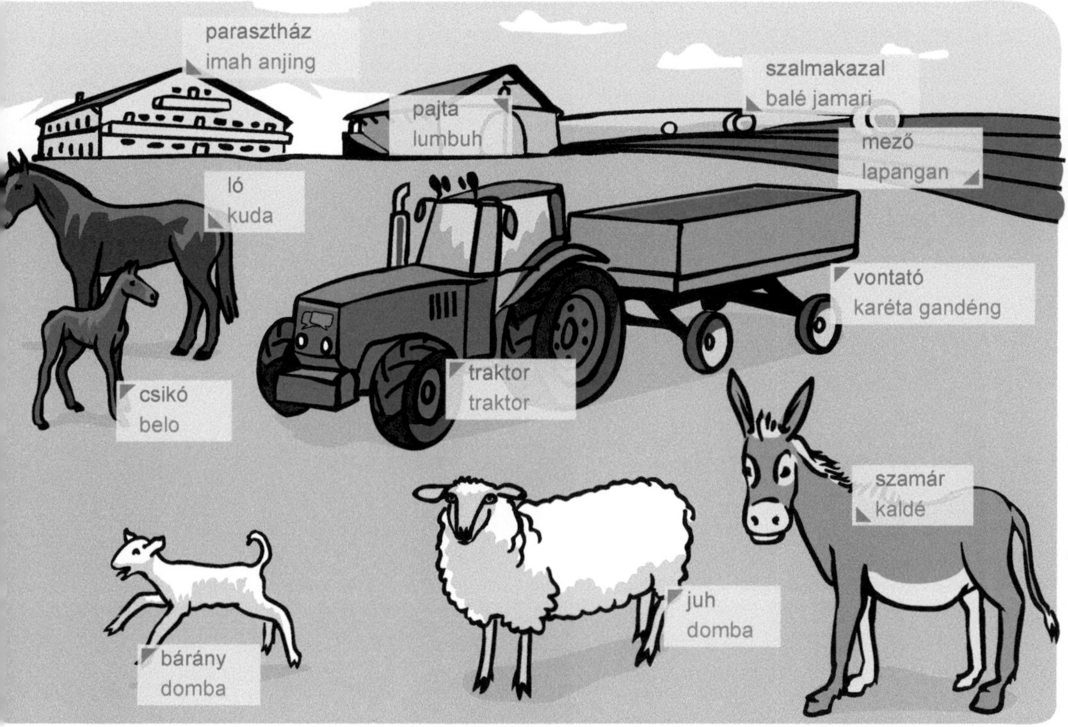
parasztház
imah anjing
pajta
lumbuh
szalmakazal
balé jamari
mező
lapangan
ló
kuda
vontató
karéta gandéng
traktor
traktor
csikó
belo
szamár
kaldé
juh
domba
bárány
domba

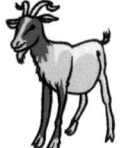

kecske
embé

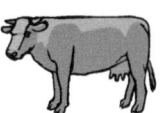

tehén
sapi

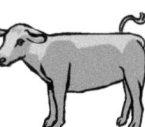

borjú
bitis

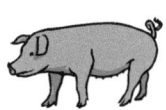

malac
bagong

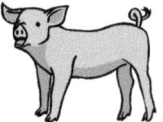

kismalac
babi

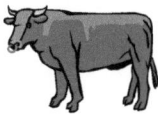

bika
banténg

liba

soang

kacsa

éntog

csibe

pitik

tojó

hayam

kakas

hayam jago

patkány

beurit

macska

ucing

egér

beurit

ökör

sapi

kutya

anjing

kutyaház

imah anjing

kerti öntözőcső

selang

öntözőkanna

kaléng nyiram

kasza

arit panjang

eke

ngabajak

sarló

arit

kapa

pacul

vasvilla

garpuh jukut

fejsze

kapak

talicska

gorobah

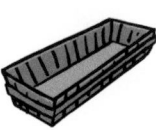

teknő

palung

tejes kancsó

kaléng susu

zsák

karung

kerítés

pager

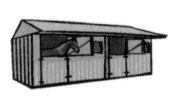

istálló

kandang

üvegház

imah kaca

talaj

taneuh

vetőmag

benih

trágya

pupuk

cséplőgép

mesin permén

szüretelni

panén

betakarítás

panén

yamgyökér

yams

búza

gandum

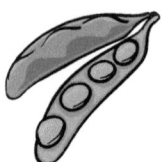

szója

kedelé

burgonya

kentang

kukorica

jagong

repcemag

lobak

gyümölcsfa

tangkal buah

manióka

sampeu

gabona

séréal

ház
imah

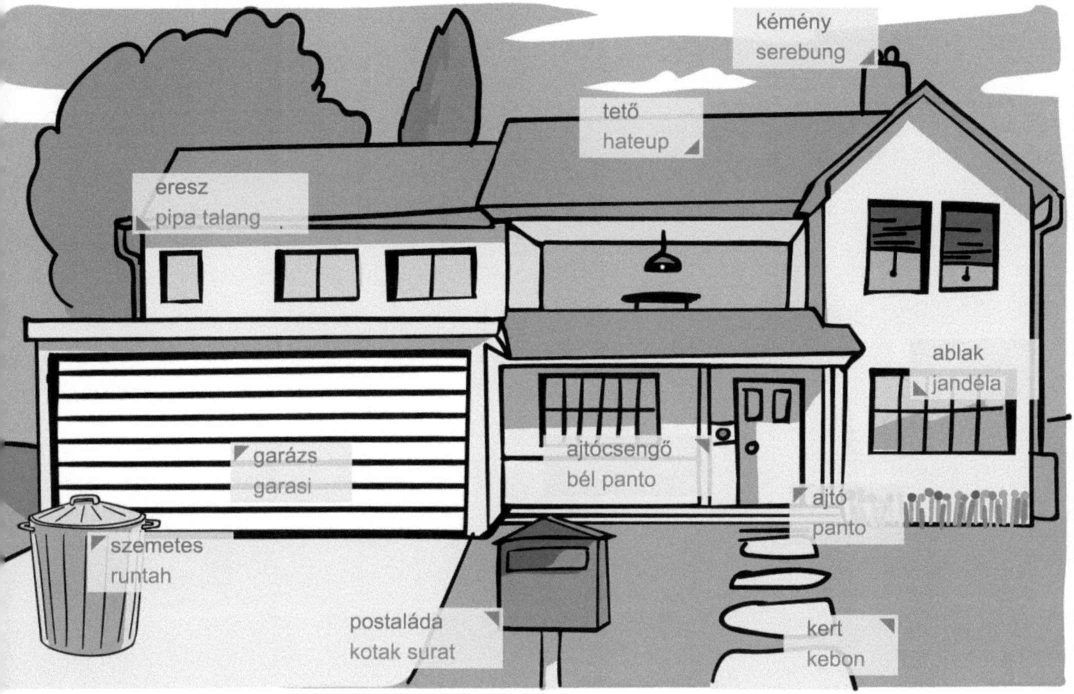
kémény
serebung
tető
hateup
eresz
pipa talang
ablak
jandéla
garázs
garasi
ajtócsengő
bél panto
ajtó
panto
szemetes
runtah
postaláda
kotak surat
kert
kebon

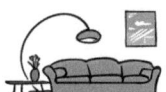

nappali

rohang tamu

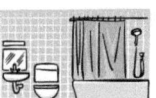

fürdőszoba

kamar ibak

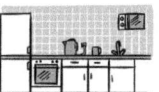

konyha

dapur

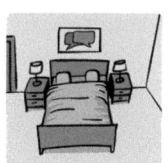

hálószoba

pangkéng

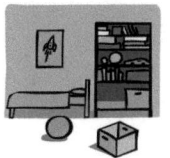

gyerekszoba

kamar budak

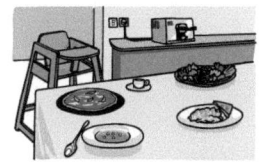

ebédlő

kamar makan

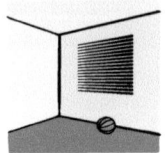

padló

téhel

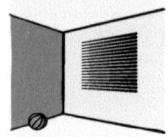

fal

tembok

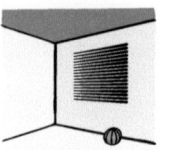

plafon

hateup

pince

gudang di handap imah

szauna

sauna

erkély

balkon

terasz

tepas

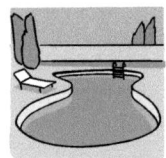

medence

kolam renang

fűnyíró

mesin pamotong jukut

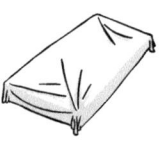

lepedő

sepré

ágytakaró

simbut

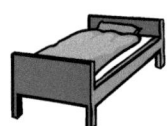

ágy

ranjang

seprű

sapu

vödör

émbér

kapcsoló

tombol

nappali
rohang tamu

tapéta
kertas tembok
kép
gambar
lámpa
lampu
polc
rak
szekrény
kabinét
televízió
télévisi
kandalló
hawu
virág
kembang
párna
bantal
kanapé
sofa
váza
vas
távirányító
kadali jauh

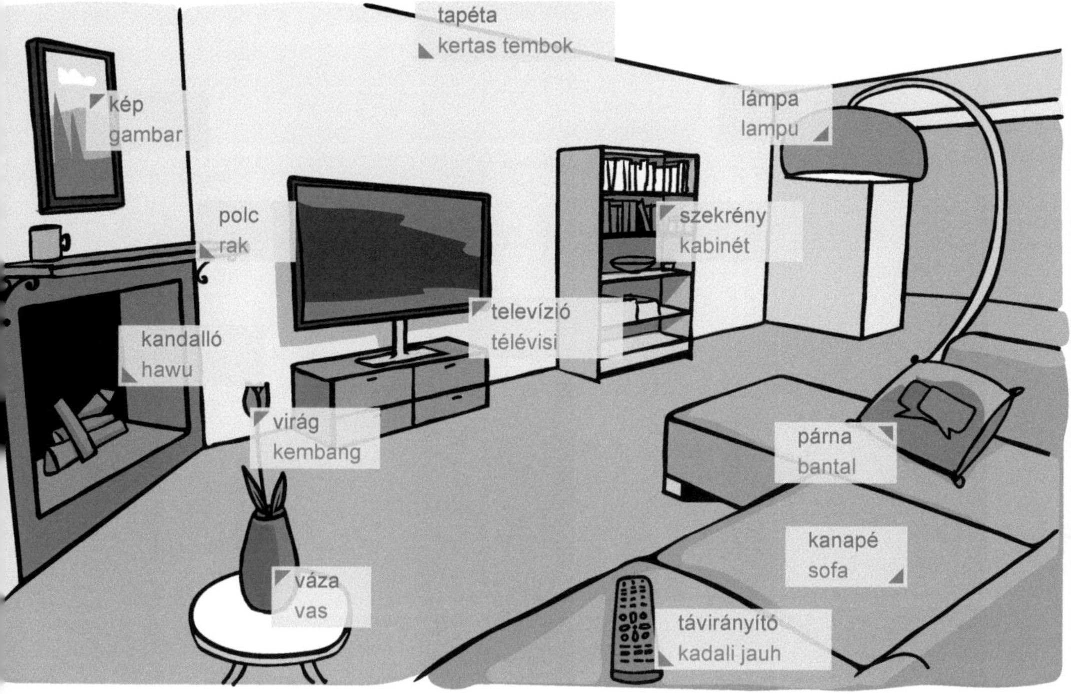

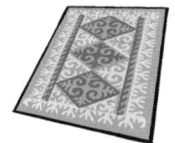

szőnyeg

karpét

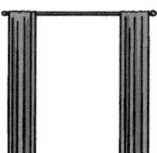

függöny

hordéng

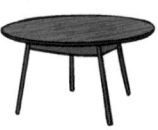

asztal

meja

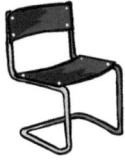

szék

korsi

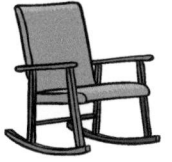

hintaszék

korsi goyang

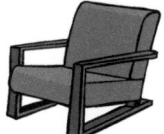

karosszék

korsi malas

könyv

buku

takaró

simbut

dekoráció

dékorasi

tűzifa

suluh

film

pilem

hifi

hi-fi

kulcs

konci

újság

surat kabar

festmény

lukisan

poszter

poster

rádió

radio

jegyzetfüzet

buku tulis

porszívó

panyedot kebul

kaktusz

kaktus

gyertya

lilin

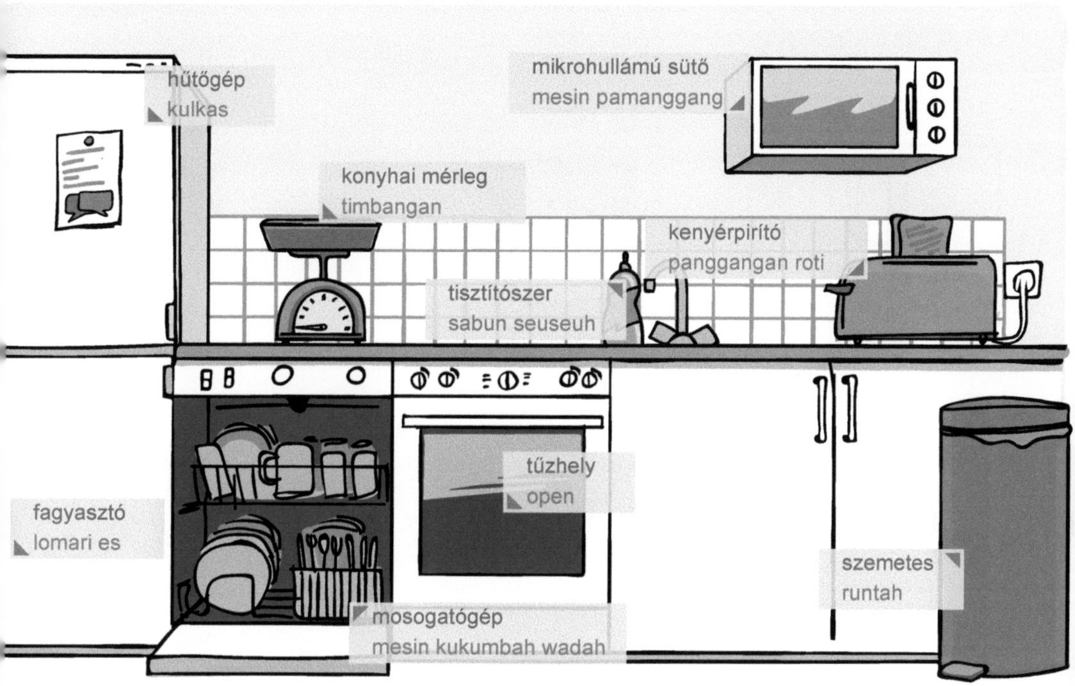

hűtőgép
kulkas

mikrohullámú sütő
mesin pamanggang

konyhai mérleg
timbangan

kenyérpirító
panggangan roti

tisztítószer
sabun seuseuh

fagyasztó
lomari es

tűzhely
open

szemetes
runtah

mosogatógép
mesin kukumbah wadah

tűzhely

kompor

edény

panci

vasfazék

panci beusi

wok / kadai

katél

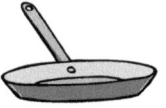

serpenyő

panci

vízforraló

citél

pároló

langseng

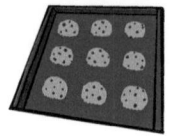

tepsi

baki

étkészlet

piring

bögre

cangkir

tálka

mangkok

evőpálcika

sumpit

merőkanál

sendok sop

keverőlapátka

sérok

habverő

pangocok

szűrő

ayakan

szita

saringan

reszelő

parutan

mozsár

mortar

grillsütő

daging bakar

kandalló

suluh

vágódeszka

papan pamotong

sodrófa

gilingan

dugóhúzó

alat pambuka tutup botol

doboz

kaléng

konzervnyitó

pambuka kaléng

edényfogó

gagang panci

mosogató

tilelep

kefe

sikat

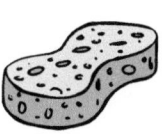

szivacs

busa

turmixgép

blénder

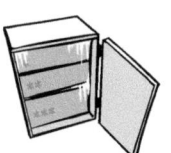

mélyhűtő

lomari es

cumisüveg

botol orok

csap

keran

fürdőszoba
kamar ibak

fűtés
mesin pamanas
törölköző
anduk
habfürdő
mandi busa
kád
bak mandi
mosógép
mesin cuci
bili
pispot
csempe
téhel
zuhany
ibak
zuhanyfüggöny
hordeng kamar ibak
pohár
gelas
csap
keran
mosogató
tilelep

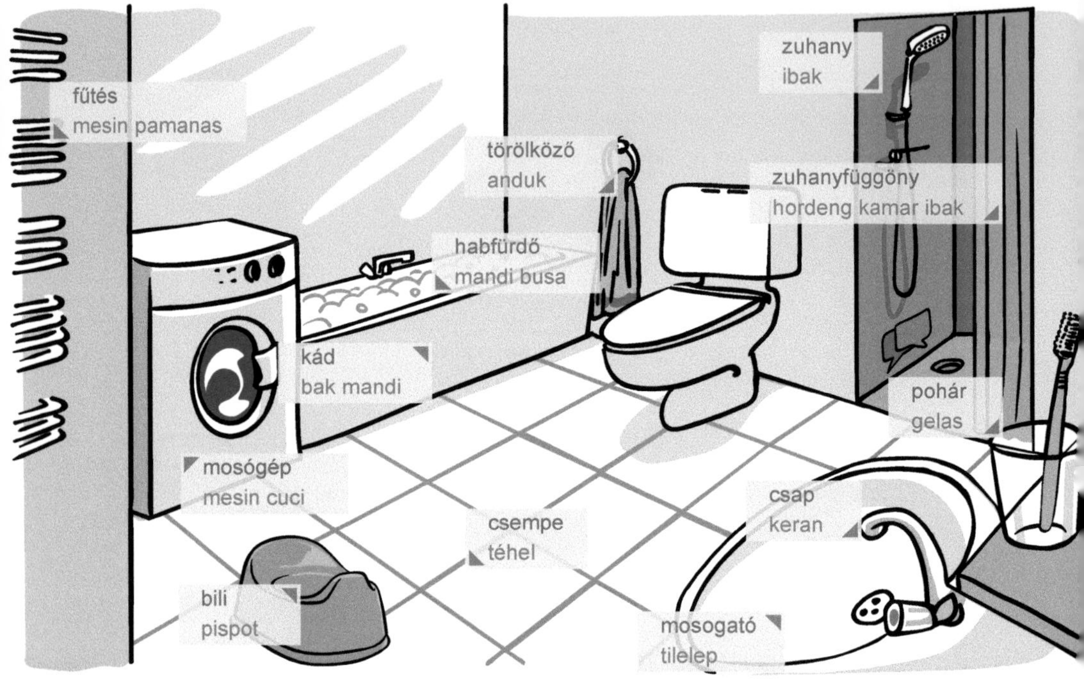

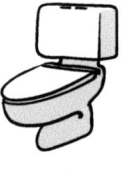

toalett

jamban

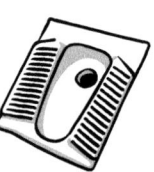

guggolós toalett

cubluk

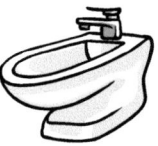

bidé

bidét

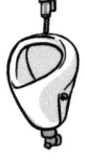

piszoár

urinal

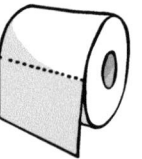

toalett papír

kertas jamban

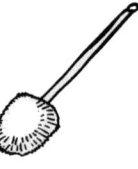

wc kefe

sikat jamban

fogkefe

sikat huntu

fogkrém

odol

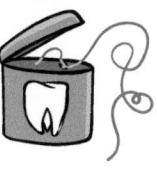

fogselyem

benang gigi

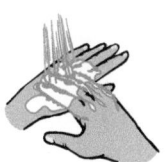

mosni

nyeuseuh

kézi zuhany

kokocoran leungeun

intimzuhany

kukucuran

mosdótál

bak

hátmosó kefe

panyikat tonggong

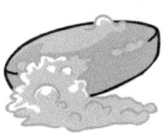

szappan

sabun

tusfürdő

gel ibak

sampon

sampo

mosdókesztyű

planél

lefolyó

nguras

krém

krim

dezodor

déodoran

tükör

eunteung

kézitükör

eunteung leungeun

borotva

péso cukur

borotvahab

busa cukur

borotválkozás utáni
arcszesz

krim cukur

fésű

sisir

hajkefe

sikat

hajszárító

alat panggaring rambut

hajlakk

semprotan rambut

smink

pangrias beungeut

ajakrúzs

lipstik

körömlakk

cét kuku

vatta

kapas

körömvágó olló

gunting kuku

parfüm

minyak seungit

neszesszer

kantong seuseuh

sámli

bangku

mérleg

timbangan

köntös

baju mandi

gumikesztyű

sarung tangan karét

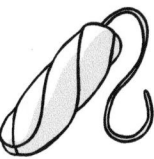

tampon

sampon

egészségügyi betét

handuk pembalut

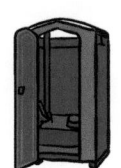

vegyi WC

jamban kimia

gyerekszoba
kamar budak

ébresztő óra
jam alarem
plüssállat
boneka
játékautó
momobilan
csörgő
kelintung
babaház
imah bonéka
ajándék
kado

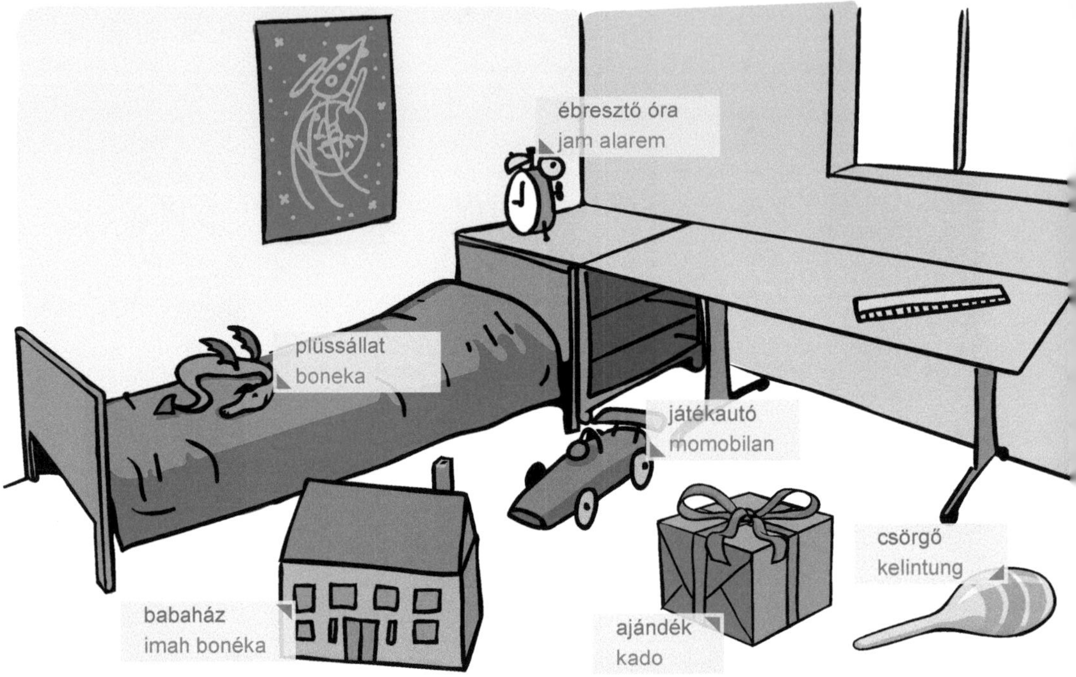

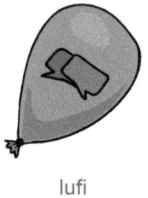

lufi

balon

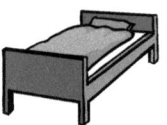

ágy

ranjang

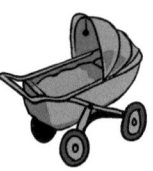

babakocsi

karéta orok

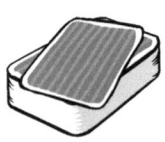

kártyapakli

kartu

kirakós játék

tatarucingan

SUPER
MEGA

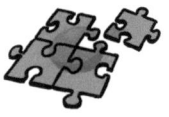

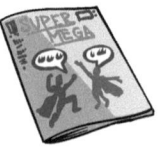

képregény

komik

építőkockák

kaulinan lego

építőelem

kaulinan bentuk blok

szuperhős

figur tokoh

rugdalózó

baju budak

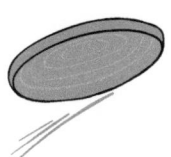

frizbi

frisbee

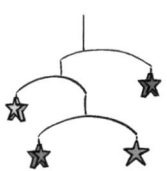

zenélő forgó

mobile

társasjáték

papan gim

kocka

dadu

modellvasút

set model kareta api

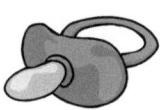

cumi

endot

zsúr

pihak

képeskönyv

buku gambar

labda

bal

baba

bonéka

játszani

ulin

homokozó

wadah pasir maénan

hinta

ayunan

játékok

kaulinan

videójáték konzol

video gim konsol

tricikli

sapedah roda tilu

teddi maci

bonéka beruang

ruhásszekrény

lomari baju

ruházat
acuk

zokni

kaos kaki

harisnya

kaos kaki

harisnyanadrág

baju ketat

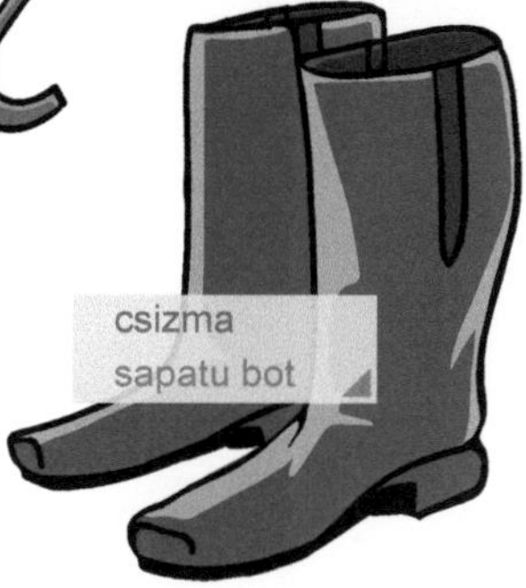

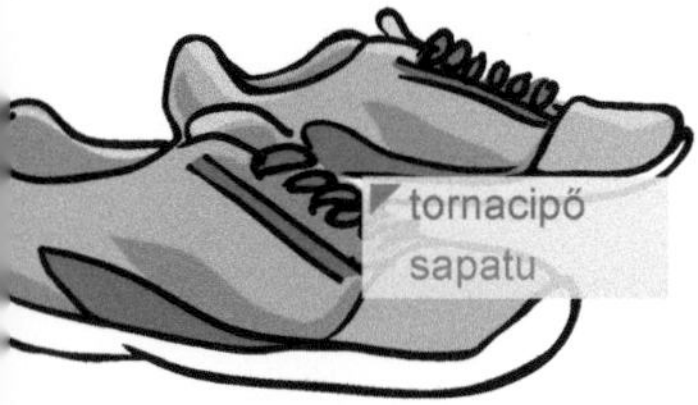

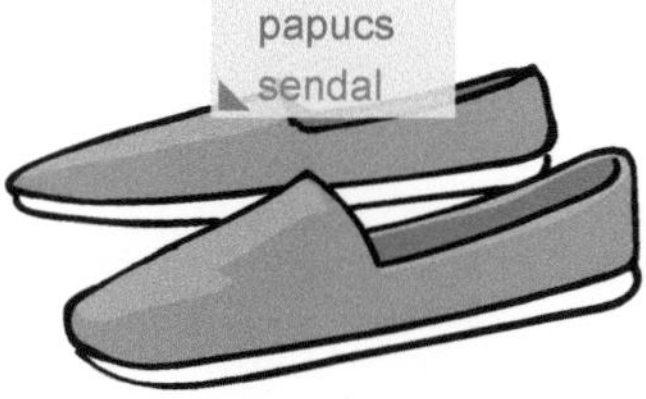

sál
syal

esernyő
payung

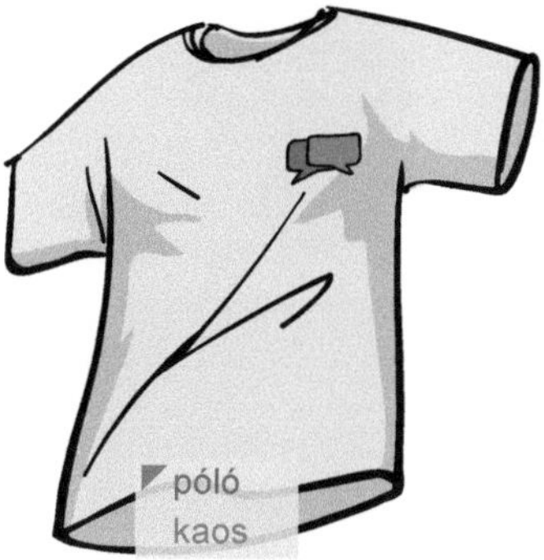

öv
beubeur

póló
kaos

tornacipő
sapatu

csizma
sapatu bot

papucs
sendal

szandál
sendal

cipő
sapatu

gumicsizma
sapatu bot karét

alsónadrág
cangcut

melltartó
kutang

mellény
baju rompi

body

awak

nadrág

calana

farmer

jins

szoknya

rok

blúz

blus

ing

kaméja

pulóver

jakét tiung

kapucnis pulóver

baju haneut

blézer

jakét

dzseki

jakét

kabát

jakét

esőkabát

jas hujan

kosztüm

kostum

ruha

gaun

esküvői ruha

gaun pangantén

öltöny

baju resmi

hálóing

baju saré

pizsama

piyama

szári

sari

fejkendő

tiung

turbán

turban

burka

burka

kaftán

kaftan

abaya

abaya

fürdőruha

baju renang

fürdőnadrág

calana renang

rövidnadrág

calana péndék

tréningruha

orang raga

kötény

celemék

kesztyű

sarung tangan

gomb

kancing

szemüveg

kaca soca

karkötő

gelang

nyaklánc

kongkorong

gyűrű

ali

fülbevaló

giwang

sapka

topi

vállfa

gantungan jakét

kalap

topi

nyakkendő

dasi

cipzár

risléting

bukósisak

hélem

nadrágtartó

tali salémpang

iskolai egyenruha

saragam sakola

egyenruha

saragam

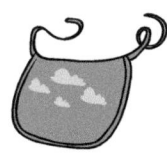

előke

apron orok

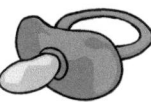

cumi

endot

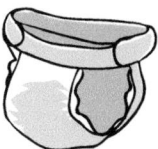

pelenka

popok

iroda
kantor

szerver
server
irattartó szekrény
lomari arsip
nyomtató
panyetak
papír
kertas
képernyő
layar
egér
mouse komputer
íróasztal
méja gawé
mappa
tempat pangarsipan
billentyűzet
papan tombol
papír-hulladék gyűjtő
wadah runtah
szék
korsi
számítógép
komputer

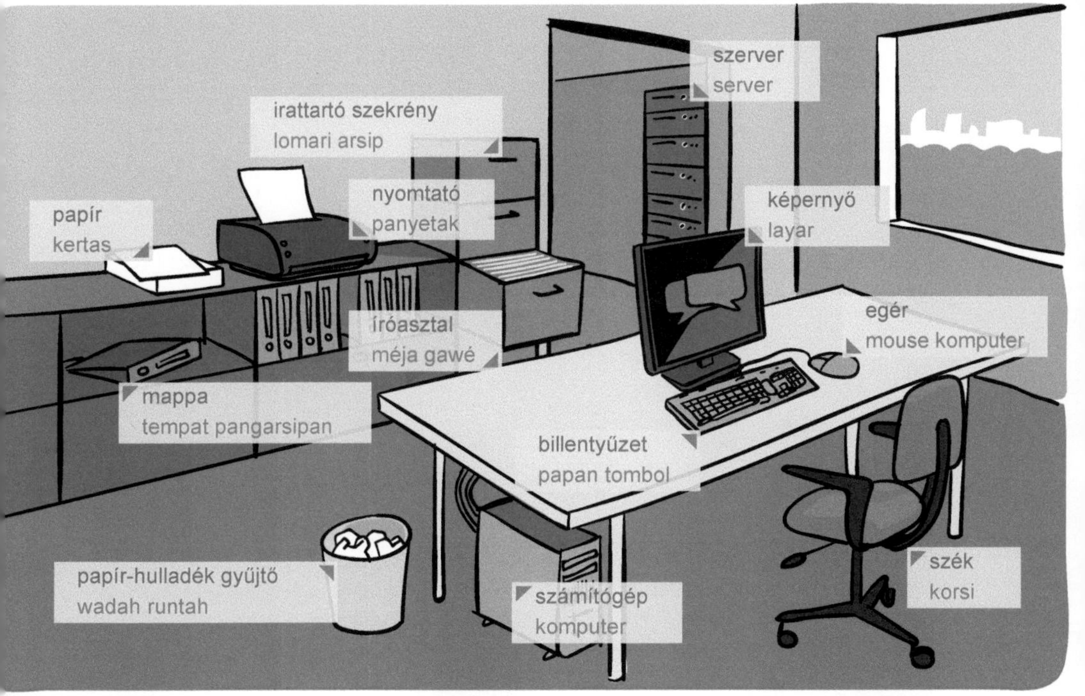

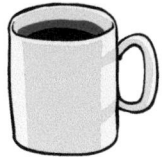

kávéscsésze

cangkir kopi

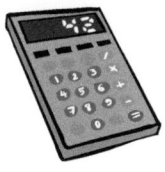

számológép

kalkulator

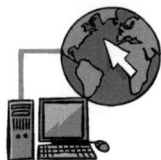

internet

internét

laptop

laptop

levél

surat

üzenet

pesen

mobiltelefon

telpon sélulér

hálózat

jaringan

fénymásoló

fotokopi

szoftver

software

telefon

telpon

konnektor

plug sokét

faxgép

mesin fax

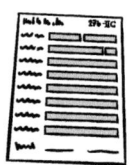

formanyomtatvány

formulir

dokumentum

dokumén

venni

mésér

fizetni

mayar

kereskedni

dagang

pénz

artos

dollár

dollar

euró

euro

jen

yen

rubel

rubel

svájci frank

Franc swiss

kínai jüan

renminbi yuan

rúpia

rupiah

bankautomata

ATM

valutaváltó iroda

kantor pertukaran mata uang

arany

emas

ezüst

pérak

olaj

minyak

energia

énérgi

ár

harga

szerződés

kontrak

adó

pajak

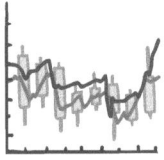

részvény

saham

dolgozni

gawé

munkavállaló

karyawan

munkaadó

dunungan

gyár

pabril

üzlet

toko

foglalkozások
pagawéan

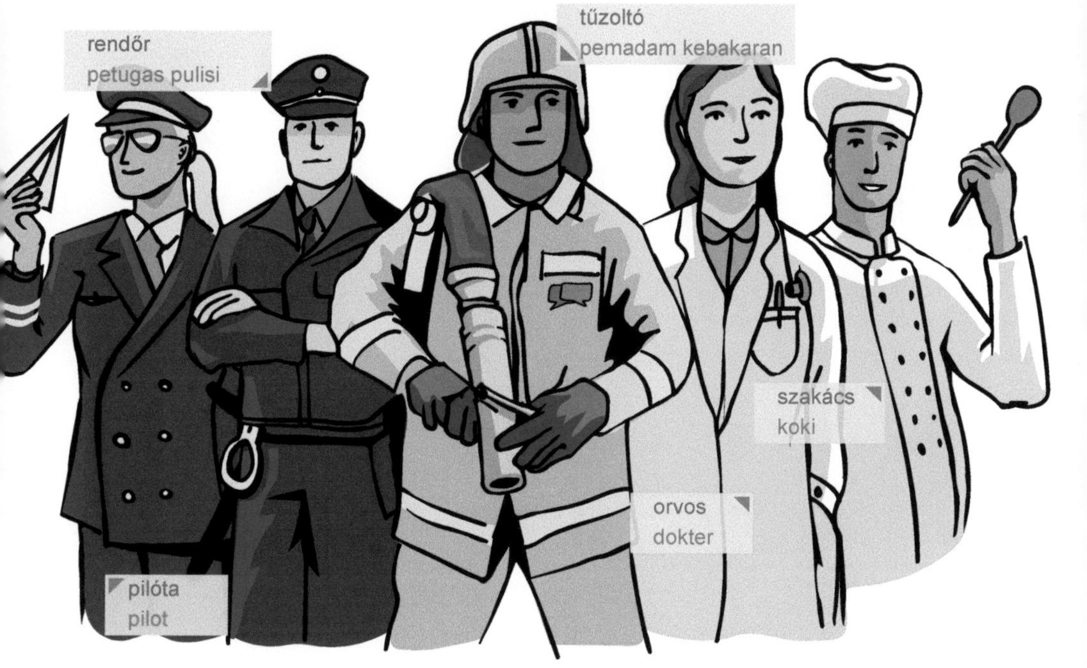
rendőr
petugas pulisi
tűzoltó
pemadam kebakaran
szakács
koki
orvos
dokter
pilóta
pilot

kertész

tukan kebon

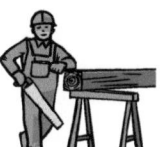

kárpitos

tukang kai

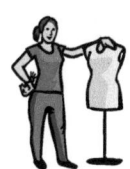

varrónő

tukang jait awéwé

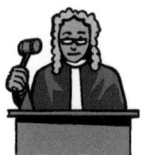

bíró

hakim

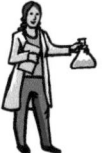

vegyész

ahli kimia

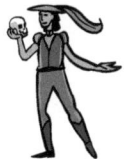

színész

aktor

buszsofőr

sopir beus

taxisofőr

sopir taksi

halász

nalayan

bejárónő

pembantu

tetőfedő

tukang hateup

pincér

badega

vadász

tukang muru

festő

pelukis

pék

tukang roti

villanyszerelő

tukang listrik

építőmunkás

tukang bangun

mérnök

insinyur

hentes

tukang daging

vízvezeték-szerelő

tukang pipa

postás

tukang pos

katona

tentara

építész

arsiték

eladó

kasir

virágos

tukang kembang

fodrász

tukang salon

kalauz

konduktor

műszerész

tukang méngkél

kapitány

kaptén

fogorvos

dokter gigi

tudós

ilmuwan

rabbi

rabbi

imám

imam

szerzetes

biarawan

lelkész

pendéta

szerszámok
alat

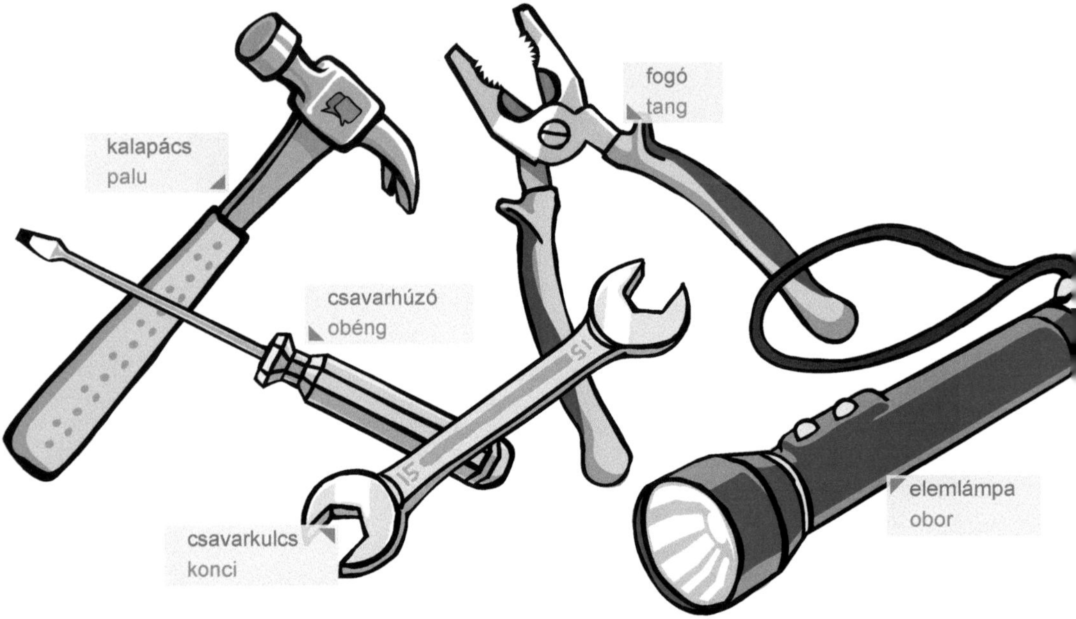

kalapács
palu
fogó
tang
csavarhúzó
obéng
elemlámpa
obor
csavarkulcs
konci

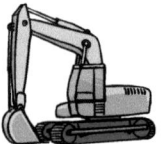

markológép

panggali

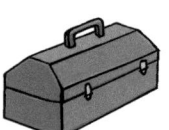

szerszámosláda

kantong parkakas

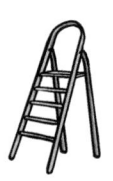

vödör

tangga

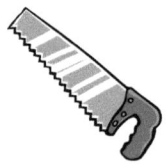

fűrész

ragaji

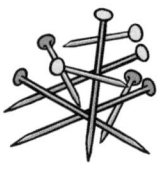

szög

paku

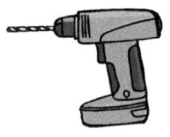

fúrógép

bor

megjavítani

ngabenerkeun

lapát

sekop

A francba!

Kéhéd!

szemétlapát

pengki

festékesdoboz

pot cét

csavar

sekrup bor

hangszerek
alat musik

dobfelszerelés
alat dreum

hangszóró
spiker

nagybőgő
bas

trombita
tarompét

gitár
gitar

zongora

piano

hegedű

violin

basszusgitár

bas

üstdob

tambur

dobok

dreum

digitális zongora

keyboard

szaxofon

saksofon

fuvola

suling

mikrofon

mikrofon

állatkert

kebon binatang

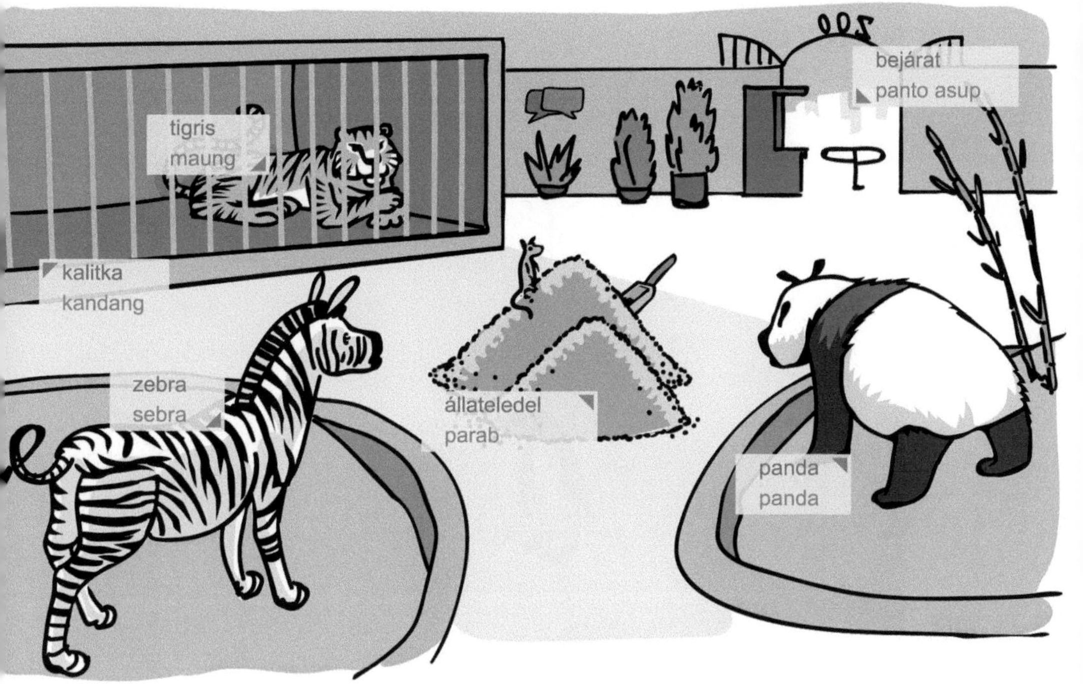

tigris
maung
kalitka
kandang
zebra
sebra
állateledel
parab
panda
panda
bejárat
panto asup

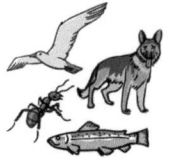

állatok
sato

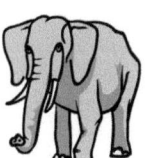

elefánt
gajah

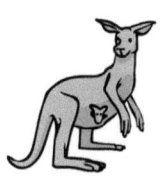

kenguru
kanguru

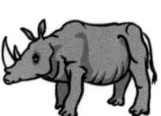

orrszarvú
badak

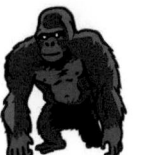

gorilla
gorila

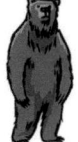

medve
biruang

teve

onta

strucc

manuk onta

oroszlán

singa

majom

monyét

flamingó

flamingo

papagáj

manuk béo

jegesmedve

biruang polar

pingvin

penguin

cápa

hiu

páva

merak

kígyó

oray

krokodil

buaya

állatgondozó

tukang jaga kebon binatang

fóka

anjing laut

jaguár

jaguar

póniló

kuda poni

leopárd

macan tutul

víziló

kuda nil

zsiráf

jerapah

sas

heulang

vaddisznó

bagong

hal

lauk

teknős

kuya

rozmár

anjing laut

róka

robah

gazella

kijang

amerikai futball
sepak bola Amérika

kerékpározás
sasapédahan

tenisz
ténis

kosárlabda
baskét

úszás
renang

jégkorong
hoki és

boksz
tinju

futball
sépak bola

tollas
badminton

atlétika
atletik

kézilabda
bola tangan

síelés
ski

lovaspóló
polo

tevékenységek
aktivitas

nevetni
seuri
grani
gaganjleng
ölelni
nangkeup
sétálni
leumpang
énekelni
nyanyi
álmodni
ngimpén
dicsérni
ngadoa
csókolni
nyium

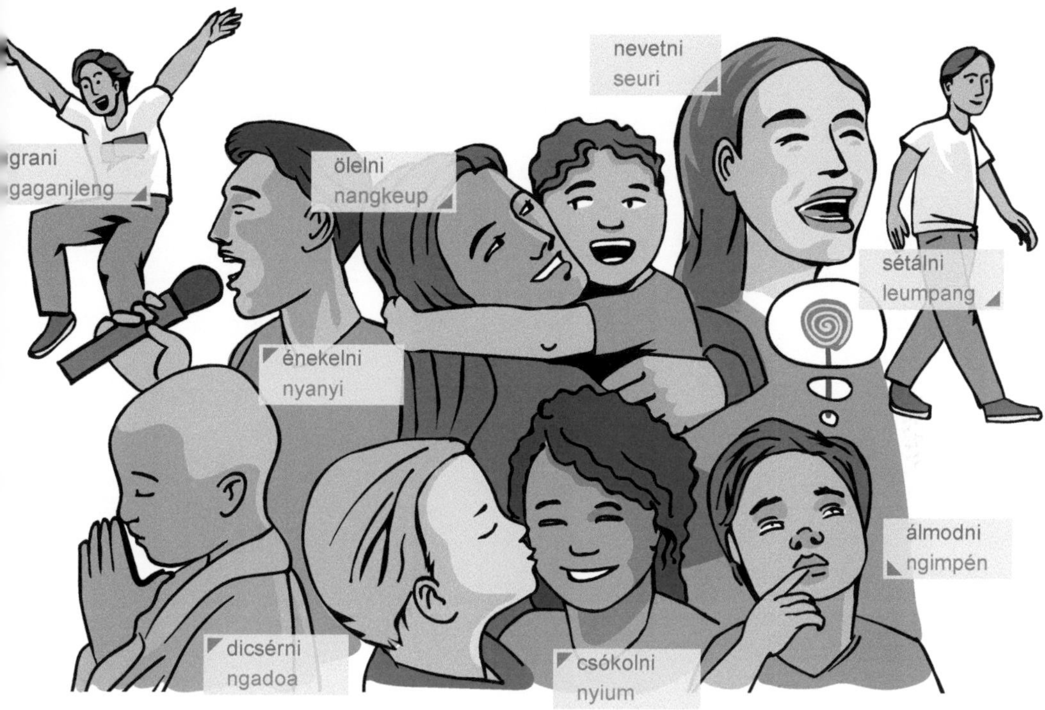

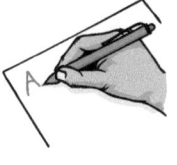

írni
nyerat / nulis

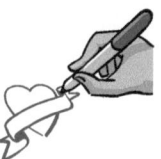

rajzolni
ngalukis

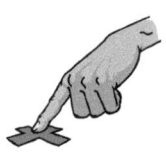

mutatni
ningalikeun

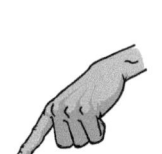

tolni
ngadorong

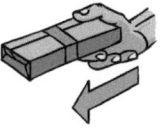

adni
méré

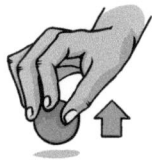

vinni
mawa

birtokolni

boga

csinálni

ngalakukeun

lenni

nya éta

állni

tatih

futni

lumpat

húzni

narik

hajít

malédog

esni

ragrag

hazudni

saré

várni

nungguan

vinni

nyandak

ülni

diuk

felvenni

anggé acuk

aludni

saré

felébredni

hudang

ránézni

ningali

sírni

méwék

simogat

ngusapan

fésülni

nyisir

beszélni

nyarita

megérteni

ngarti

kérdezni

naros

hallgatni

ngadéngé

inni

nginum

enni

dahar

takarítani

bébérés

szeretni

bogoh

főzni

masak

vezetni

nyetir

szállni

hiber

vitorlázni

balayar

számol

ngitung

olvasni

maca

tanulni

diajar

dolgozni

gawé

házasodni

kawin

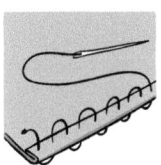

varrni

ngajait

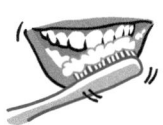

fogat mosni

sikat huntu

ölni

maéhan

dohányozni

ngarokok

küldeni

ngirim

család
kulawarga

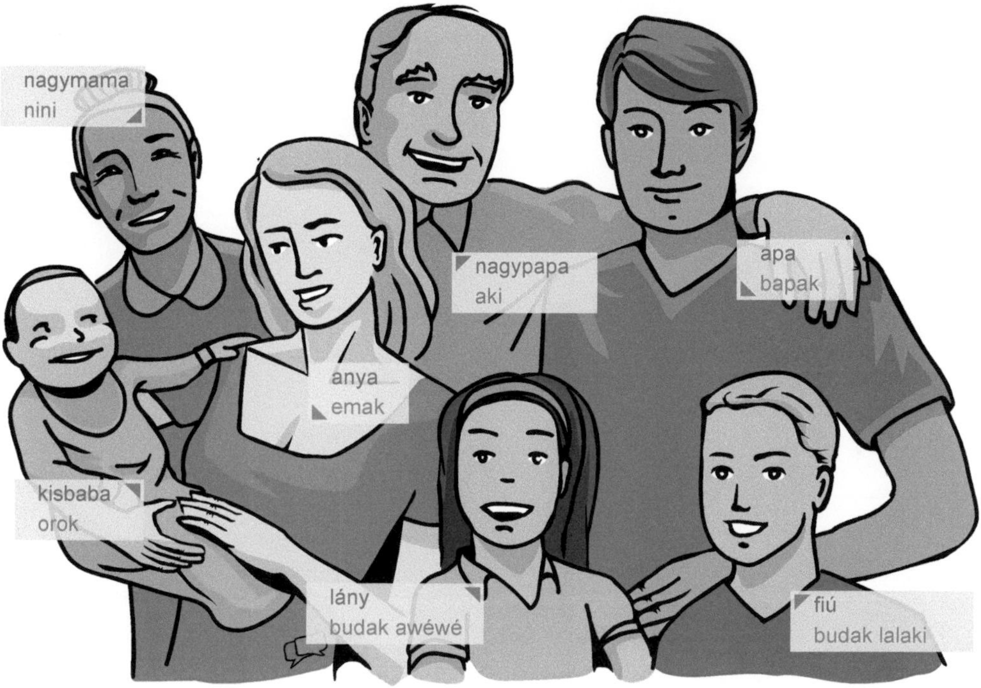
nagymama
nini
nagypapa
aki
apa
bapak
anya
emak
kisbaba
orok
lány
budak awéwé
fiú
budak lalaki

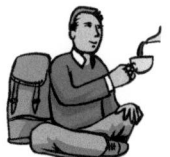

vendég

tamu

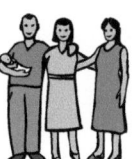

nagynéni

bibi

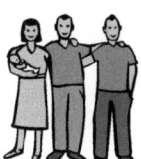

nagybácsi

emang

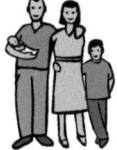

fiútestvér

aa

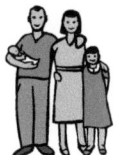

lánytestvér

tétéh

test
awak

homlok
taar
szem
panon
váll
taktak
ujj
ramo
arc
beungeut
áll
gado
kéz
leungeun
láb
suku
mell
dada
kar
leungeun

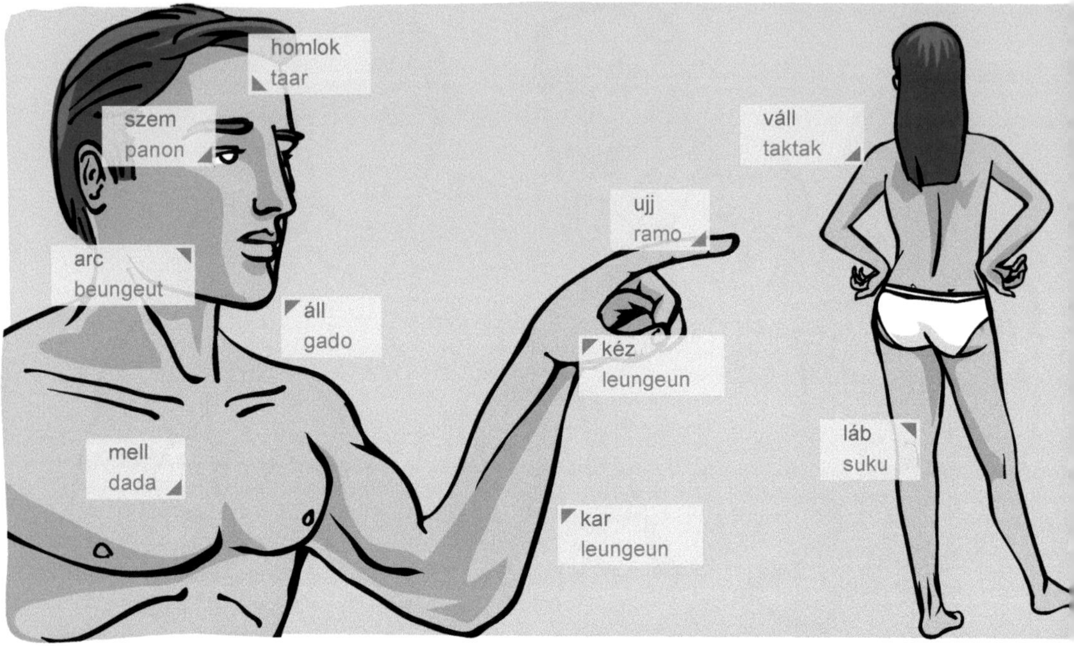

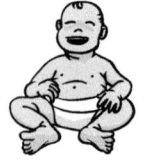

kisbaba
orok

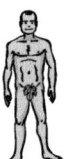

ember
lalaki

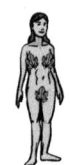

nő
awéwé

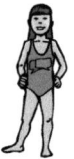

lány
awéwé

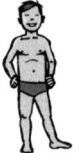

fiú
lalaki

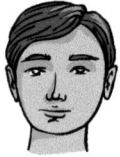

fej
sirah

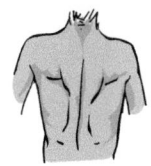

hát

tonggong

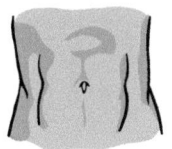

has

beuteung

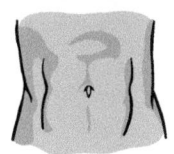

köldök

bujal

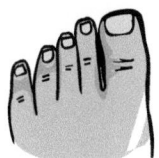

lábujj

jempol

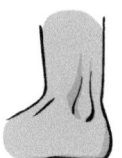

sarok

keuneung

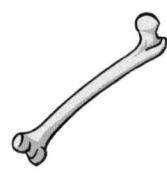

csont

tulang

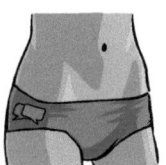

csípő

cangkéng

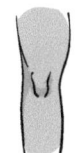

térd

tuur

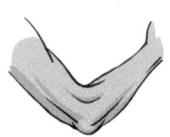

könyök

sikut

orr

irung

fenék

bujur

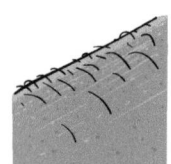

bőr

kulit

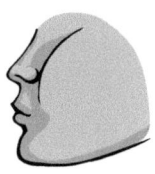

orca

pipi

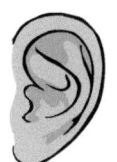

fül

ceuli

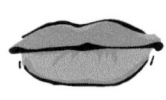

ajak

biwir

test - awak

száj
baham

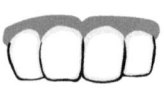

fog
huntu

nyelv
létah

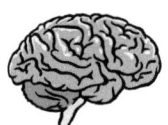

agy
uteuk

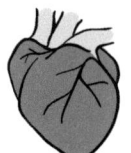

szív
haté

izom
otot

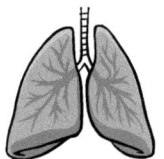

tüdő
bayah

máj
ati

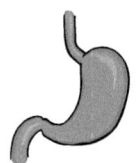

gyomor
lambung

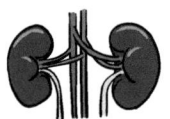

vese
ginjal

szex
sapatemon

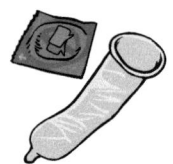

kondom
kondom

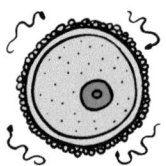

petesejt
sél telur

sperma
spérma

terhesség
kakandungan

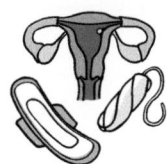

menstruáció

haid

vagina

heunceut

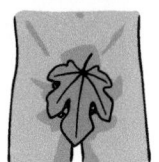

pénisz

sirit

szemöldök

halis

haj

buuk

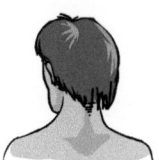

nyak

beuheung

kórház

rumah sakit

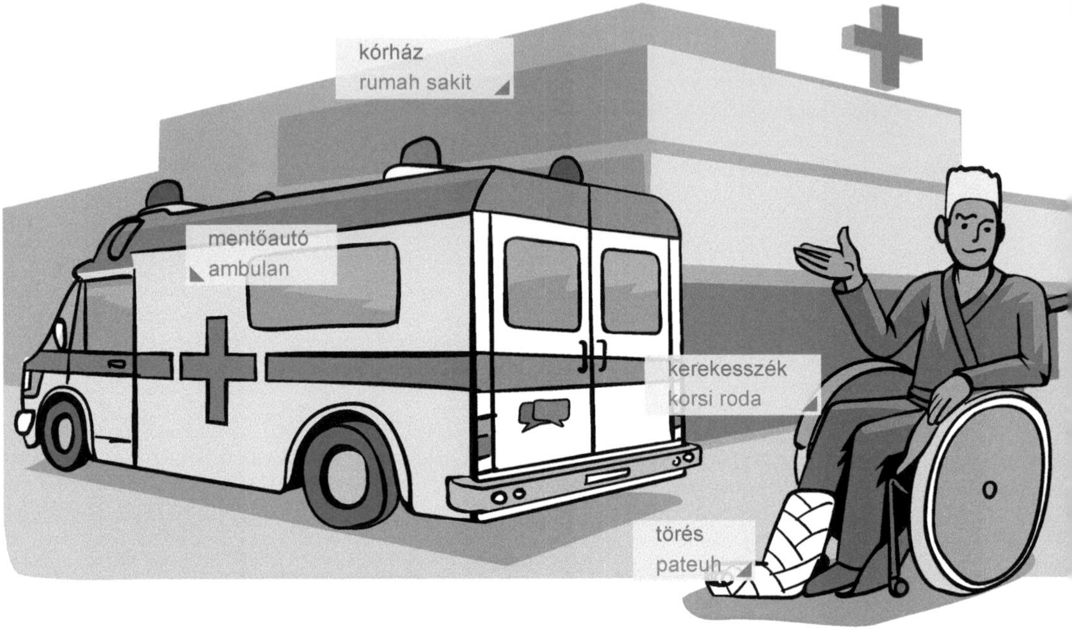

kórház
rumah sakit
mentőautó
ambulan
kerekesszék
korsi roda
törés
pateuh

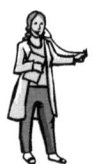

orvos

dokter

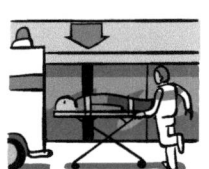

sürgősségi osztály

rohang darurat

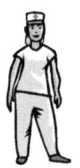

ápoló

parawat

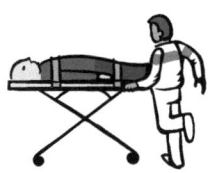

vészhelyzet

darurat

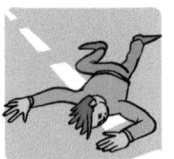

eszméletlen

pingsan

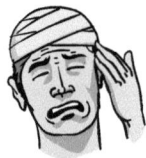

fájdalom

nyeri

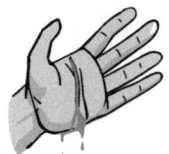

sérülés
tatu

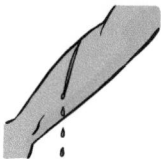

vérzés
ngaluarkeun getih

szívroham
jantungan

szélütés
strok

allergia
alérgi

köhögés
batuk

láz
muriang

influenza
salésma

hasmenés
birit

fejfájás
rieut

rák
kanker

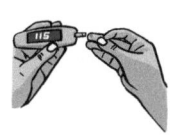

cukorbetegség
diabétés

sebész
ahli bedah

szike
péso bedah

műtét
operasi

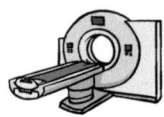

CT

CT

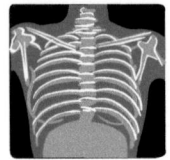

röntgen

sinar x

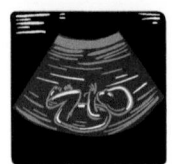

ultrahang

usg

arcmaszk

topéng

betegség

panyakit

váróterem

rohang tunggu

mankó

pangrojong

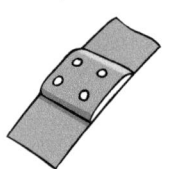

sebtapasz

paléstér

kötszer

perban

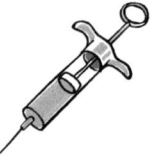

injekció

injéksi

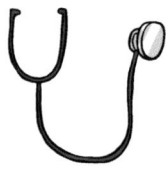

sztetoszkóp

stétoskop

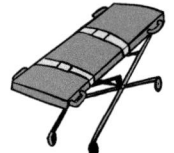

hordágy

tandu

klinikai hőmérő

termométer klinis

születés

kalahiran

túlsúly

obésitas

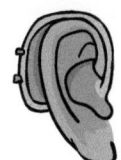

hallókészülék

alat bantu dédéngéan

fertőtlenítőszer

désinféktan

fertőzés

inféksi

vírus

virus

HIV/AIDS

HIV / AIDS

orvosság

obat

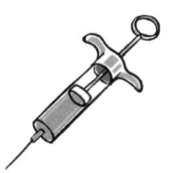

oltás

vaksinasi

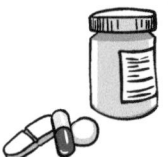

tabletták

tablét

tabletta

pil

sürgősségi hívás

panggilan darurat

vérnyomásmérő

ngukur ténsi

betegség / egészség

gering / séhat

Segítség!

Tulung!

riasztás

alarem

rajtaütés

gangguan

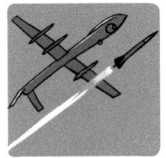

támadás

narajang

veszély

bahaya

vészkijárat

panto darurat

tűz!

Seuneu!

tűzoltókészülék

alat pemadam kabakaran

baleset

kacilakaan

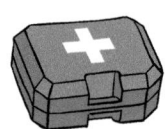

elsősegélycsomag

kotak P3K

SOS

SOS

rendőrség

pulisi

Európa

Eropa

Észak-Amerika

Amérika Utara

Dél-Amerika

Amérika Selatan

Afrika

Afrika

Ázsia

Asia

Ausztrália

Australi

Atlanti-óceán

Atlantik

Csendes-óceán

Pasifik

Indiai-óceán

Samudra Hindia

Déli-óceán

Samudra Antartika

Jeges-tenger

Samudra Arktik

Északi-sark

Kutub Utara

Déli-sark

Kutub Selatan

Antarktisz

Antartika

föld

Bumi

szárazföld

tanah

tenger

laut

sziget

pulau

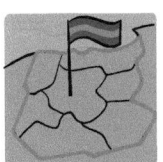

nemzet

bangsa

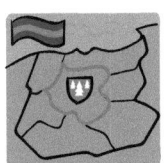

állam

nagara

számlap

jam wajah

kismutató

jarum péndék

nagymutató

jarum menit

másodpercmutató

jarum detik

Mennyi az idő?

Tabuh sabaraha?

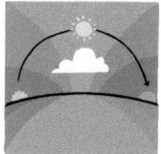

nap

poé

idő

waktos

most

ayeuna

digitális óra

jam digital

perc

menit

óra

jam

hét

minggu

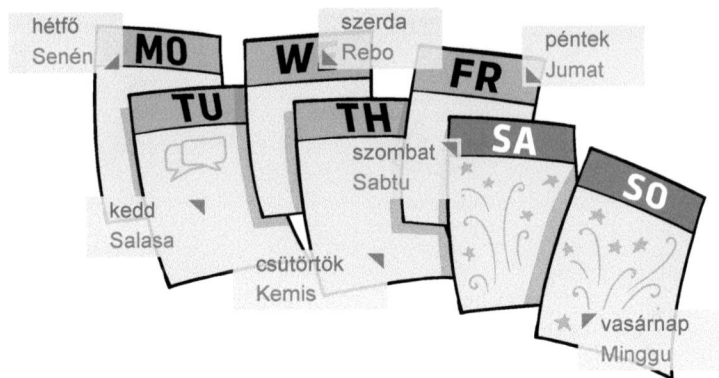

hétfő
Senén

szerda
Rebo

péntek
Jumat

kedd
Salasa

szombat
Sabtu

csütörtök
Kemis

vasárnap
Minggu

tegnap

kamari

ma

dinten ayeuna

holnap

énjing

reggel

énjing-énjing / isuk-isuk

dél

siang

este

peuting

hétköznap

poé gawé

hétvége

akhir minggu

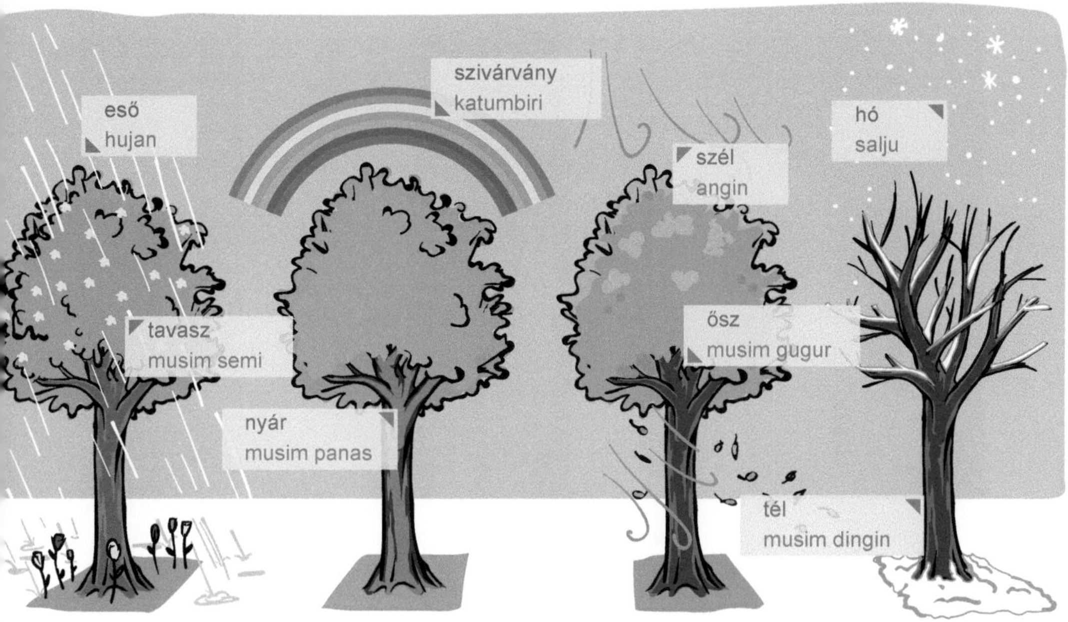

eső
hujan

szivárvány
katumbiri

hó
salju

szél
angin

tavasz
musim semi

ösz
musim gugur

nyár
musim panas

tél
musim dingin

4.APRIL	11°	☀
5.APRIL	4°	☁
6.APRIL	13°	☔
7.APRIL	8°	❄
8.APRIL	10°	☀

időjárás előrejelzés

ramalan cuaca

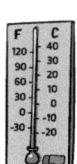

hőmérő

térmométer

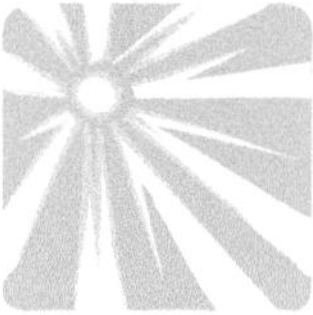

napsütés

panon poé

felhő

awan

köd

pepedut

páratartalom

kelembaban

villámlás

gelap

mennydörgés

guntur

vihar

badai

jégeső

hujan és

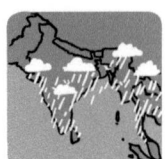

monszun

angin muson

áradás

caah

jég

és

január

Januari

február

Pébruari

március

Maret

április

April

május

Mei

június

Juni

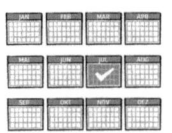

július

Juli

augusztus

Agustus

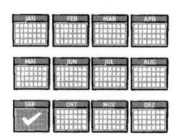

szeptember
....
Séptémber

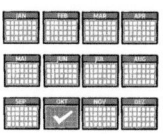

október
....
Oktober

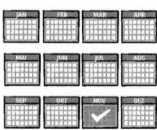

november
....
Nopémber

december
....
Désémber

bentuk

kör
....
buleudan

négyzet
....
persegi

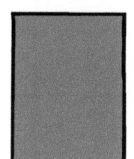

téglalap
....
persegi panjang

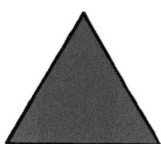

háromszög
....
segi tiga

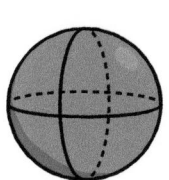

gömb
....
bola

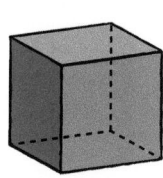

kocka
....
kubus

fehér

bodas

sárga

konéng

narancs

oranyeu

rózsaszín

kayas

piros

beureum

lila

bungur

kék

bulao

zöld

héjo

barna

coklat

szürke

abu-abu

fekete

hideung

sok / kevés

loba / saeutik

mérges / nyugodt

ambek / kalem

szép / csúnya

geulis / goreng

kezdet / vég

ngamimitian / réngsé

nagy / kicsi

gedé / leutik

világos / sötét

caang / poék

fivér / nővér

dulur lalaki / dulur awéwé

tiszta / koszos

bersih / kotor

teljes / nem teljes

lengkep / teu lengkep

nappal / éjszaka

poé / peuting

halott / élő

paéh / hirup

széles / keskeny

lega / heureut

ehető / nem ehető

bisa didahar / teu bisa didahar

gonosz / kedves

jahat / bageur

izgatott / unott

sumanget / bosen

kövér / vékony

badag / begang

első / utolsó

kahiji / terakhir

barát / ellenség

baturan / musuh

teli / üres

pinuh / kosong

kemény / puha

heuras / lemes

nehéz / könnyű

beurat / hampang

éhség / szomjúság

kalaparan / haus

betegség / egészség

gering / séhat

illegális / legális

ilegal / legal

intelligens / buta

calakan / bodo

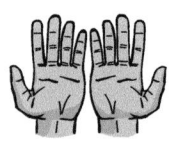

bal / jobb

kénca / katuhu

közel / távol

deukeut / jauh

új / használt

anyar / urut

semmi / valami

euweuh nanaon / aya nanaon

idős / fiatal

kolot / ngora

be / ki

hurung / pareum

nyitva / zárva

buka / tutup

csendes / hangos

jempé / gandéng

gazdag / szegény

beunghar / sangsara

helyes / helytelen

bener / salah

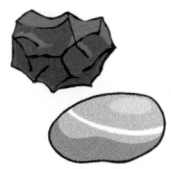

érdes / sima

kasar / lemes

szomorú / vidám

sedih / gumbira

rövid / hosszú

pendék / panjang

lassú / gyors

alon / gancang

nedves / száraz

baseuh / garing

meleg / hideg

haneut / tiis

háború / béke

perang / damai

0	**1**	**2**
nulla	egy	kettő
nol	hiji	dua

3	**4**	**5**
három	négy	öt
tilu	opat	lima

6	**7**	**8**
hat	hét	nyolc
genep	tujuh	dalapan

9	**10**	**11**
kilenc	tíz	tizenegy
salapan	sapuluh	sawelas

12

tizenkettő

duawelas

13

tizenhárom

tiluwelah

14

tizennégy

opatwelas

15

tizenöt

limawelas

16

tizenhat

genepwelas

17

tizenhét

tujuhwelas

18

tizennyolc

dalapanwelas

19

tizenkilenc

salapanwelas

20

húsz

duapuluh

100

száz

saratus

1.000

ezer

sarébu

1.000.000

millió

sajuta

angol

Inggris

amerikai angol

basa Inggris Amerika

mandarin kínai

basa Cina Mandarin

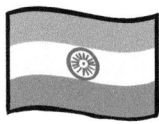

hindi

basa Hindi

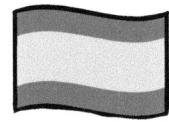

spanyol

basa Spanyol

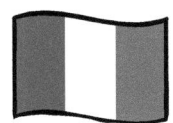

francia

basa Perancis

arab

basa Arab

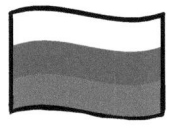

orosz

basa Rusia

portugál

basa Portugis

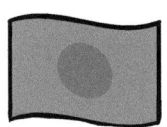

bengáli

basa Bengal

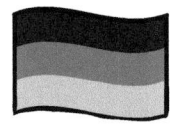

német

basa Jerman

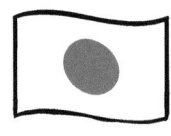

japán

basa Jepang

én
....
urang

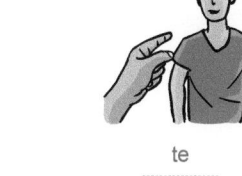

te
....
manéh

ő
....
anjeunna / manéhna

mi
....
arurang

ti
....
maranéh

ők
....
aranjeunna / maranéhna

ki?
....
saha?

mi?
....
naon?

hogyan?
....
kumaha?

hol?
....
di mana?

mikor?
....
iraha?

név
....
wasta / ngaran

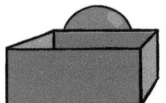

mögött

di tukang

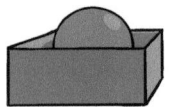

benne

di

elötte

di hareup

felette

di luhureun

rajta

di luhur

alatta

di handapeun

mellett

di gigir

között

antawis

hely

tempat